Impressum
Verlag: BABADADA GmbH, Nedderfeld 112 , 22529 Hamburg
Geschäftsführer / Verlagsleitung: Harald Hof
Druck: Books on Demand GmbH, In de Tarpen 42, 22848 Norderstedt

Imprint
Publisher: BABADADA GmbH, Nedderfeld 112 , 22529 Hamburg, Germany
Managing Director / Publishing direction: Harald Hof
Print: Books on Demand GmbH, In de Tarpen 42, 22848 Norderstedt

colegio

scol

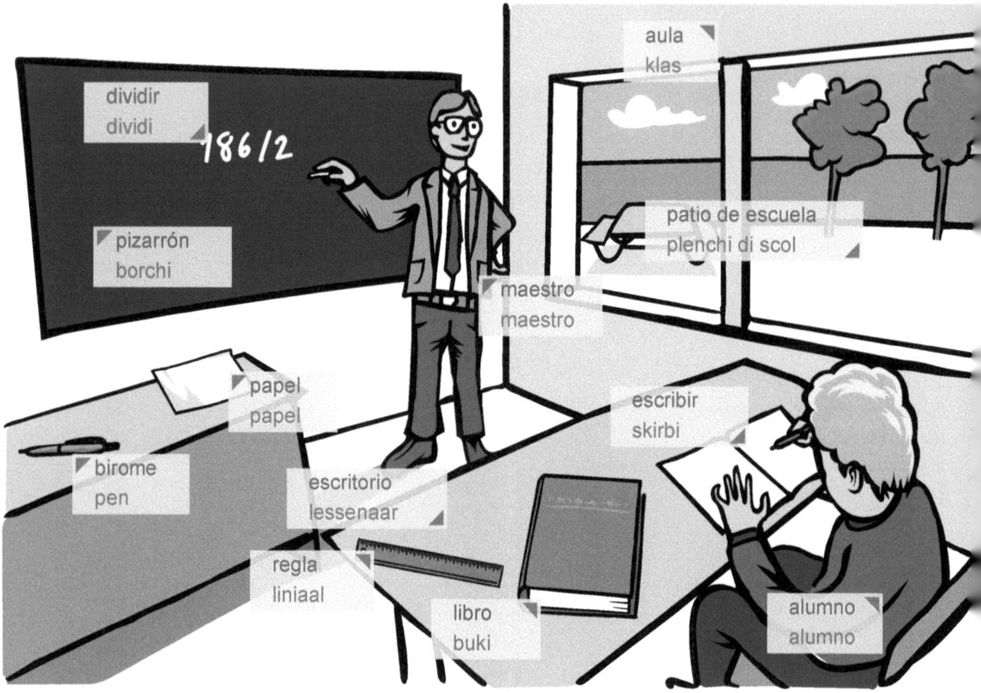

aula
klas
dividir
dividi
186/2
pizarrón
borchi
patio de escuela
plenchi di scol
maestro
maestro
papel
papel
escribir
skirbi
birome
pen
escritorio
lessenaar
regla
liniaal
libro
buki
alumno
alumno

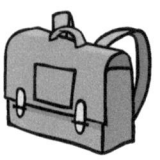

mochila

tas di scol

caja de lápices

etui

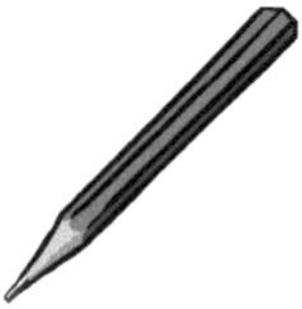

lápiz

potlood

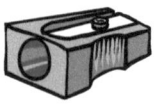

sacapuntas

slijper

goma (de borrar)

gum

bloc de dibujo

buki di pinta

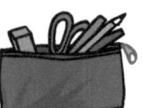

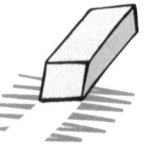

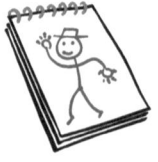

dibujo

pintura

pincel

cuashi

caja de pinturas

caha di verf

tijera

sker

pegamento

lijm

cuaderno de ejercicios

schrift

tarea

huiswerk

número

number

2+2

sumar

suma

restar

kita

2×2

multiplicar

multiplica

calcular

conta

letra

letter

ABCDEFG
HIJKLMN
OPQRSTU
VWXYZ

abecedario

alfabet

palabra

palabra

texto
texto

leer
lesa

tiza
krijt

lección
les

cuaderno de clase
klassenboek

examen
examen

certificado
diploma

uniforme escolar
uniform di scol

educación
estudio

enciclopedia
enciclopedia

universidad
universidad

microscopio
microscop

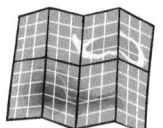

mapa
mapa

tacho (de basura)
bari di sushi

viaje
biahamento

hotel
hotel
Grand
hostel
posada
ROOMS
casa de cambio
oficina di cambio
CHANGE
valija
maleta
auto
auto

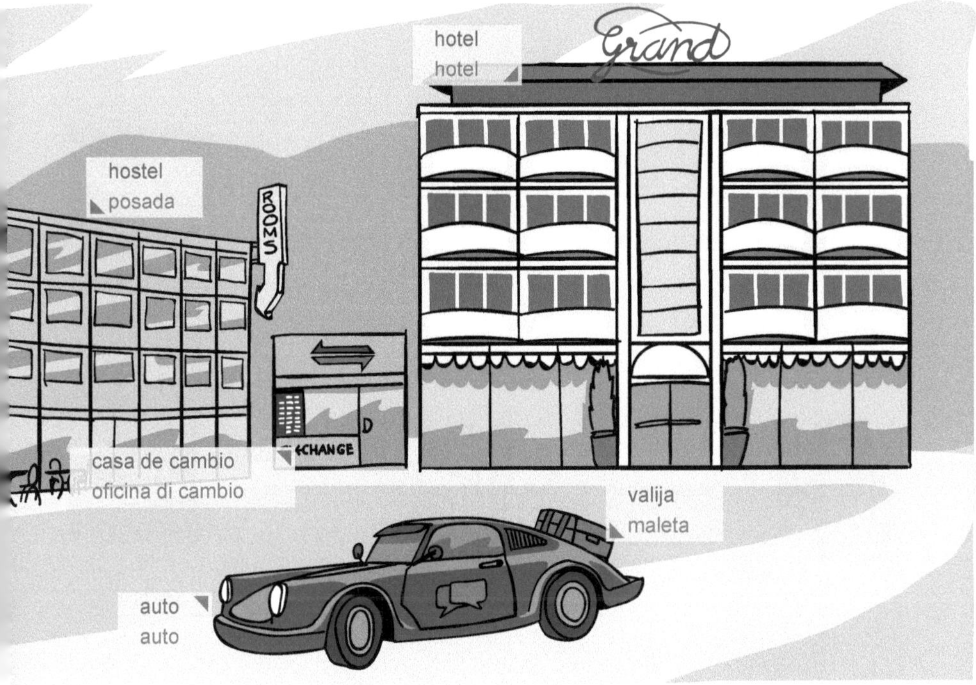

idioma

idioma

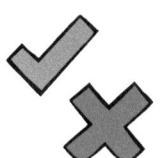

sí / no

si / no

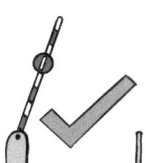

Está bien

bon

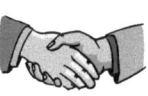

hola

hallo

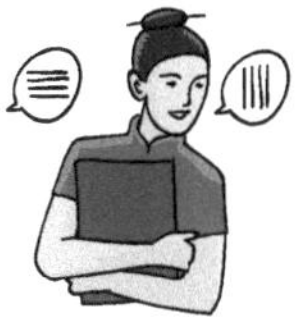

traductor

tolk

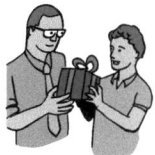

Gracias

masha danki

¿cuánto cuesta…?

Cuanto esaki ta costa?

No entiendo

Mi no ta compronde

problema

problema

¡Buenas tardes!

bon nochi

¡Buenos días!

Bon dia!

¡Buenas noches!

Bon nochi!

adiós

ayo

dirección

direccion

equipaje

maleta

bolso

handbag

mochila

rugtas

invitado

huesped

habitación

camber

bolsa de dormir

slaapzak

carpa

tent

información turística
formacion pa turista

playa
lama

tarjeta de crédito
credit card

desayuno
desayuno

almuerzo
cuminda di merdia

cena
cuminda di anochi

pasaje
carchi

ascensor
cabe'i boto

sello
stampia

frontera
grens

aduana
duana

embajada
embahada

visa
visa

pasaporte
paspoort

transporte
transport

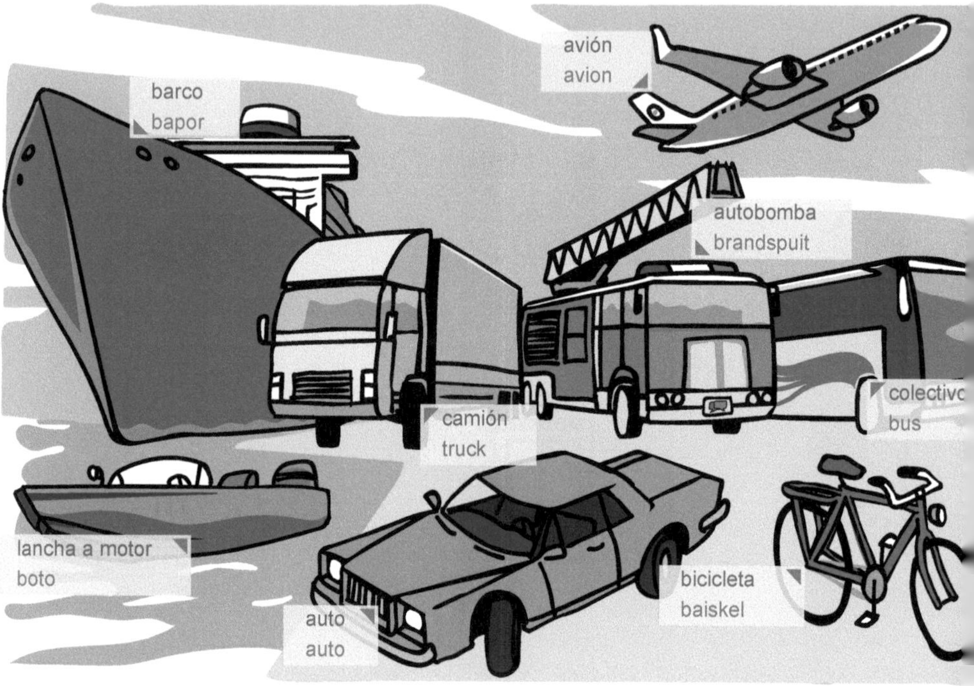
avión
avion
barco
bapor
autobomba
brandspuit
colectivo
bus
camión
truck
lancha a motor
boto
bicicleta
baiskel
auto
auto

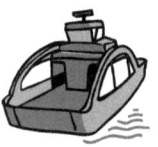

ferry

ferry

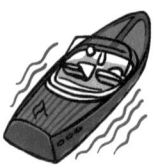

bote

boto

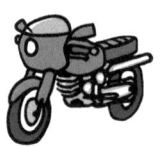

moto

brommer

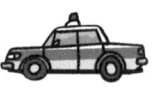

patrullero

auto di polis

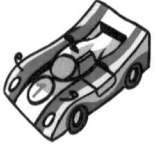

auto de carreras

auto di careda

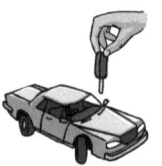

auto de alquiler

auto di huur

alquiler de autos
car sharing

grúa
takelwagen

camión de basura
dump truck

motor
motor

nafta
gasolin

estación de servicio
pomp di gasolin

señal de tránsito
borchi di trafico

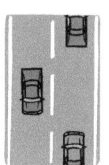

tránsito
trafico

embotellamiento
fila

estacionamiento
parkeerplaats

estación de tren
stacion di trein

vías
riel

tren
trein

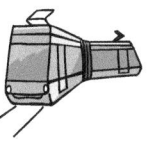

tranvía
tram

vagón
wagon

helicóptero

helicopter

aeropuerto

aeropuerto

torre

toren

pasajero

pasahero

contenedor

container

caja de cartón

caha di carton

carretilla

garoshi

canasta

macutu

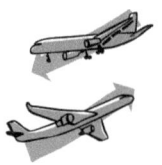

despegar / aterrizar

lanta / baha

ciudad
ciudad

pueblo

pueblo

centro de ciudad

centro di ciudad

casa

cas

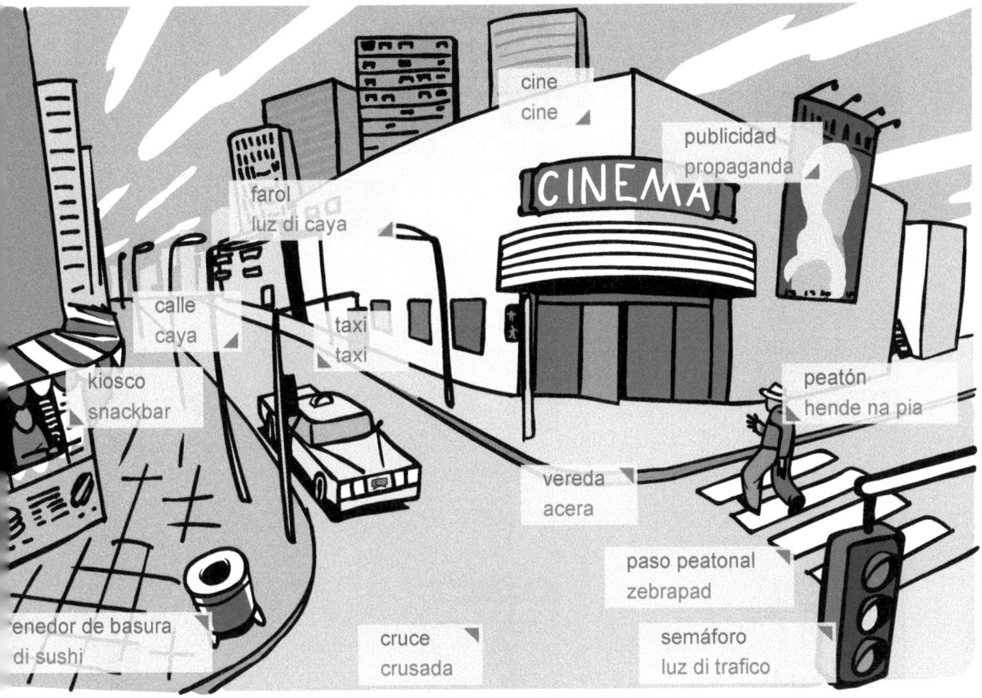

cine
cine

publicidad
propaganda

farol
luz di caya

CINEMA

calle
caya

taxi
taxi

kiosco
snackbar

peatón
hende na pia

vereda
acera

paso peatonal
zebrapad

enedor de basura
di sushi

cruce
crusada

semáforo
luz di trafico

cabaña
hut

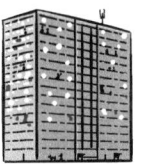

departamento
flat

estación de tren
stacion di trein

municipalidad
stadhuis

museo
museo

colegio
scol

universidad
....
universidad

banco
....
banco

hospital
....
hospital

hotel
....
hotel

farmacia
....
botica

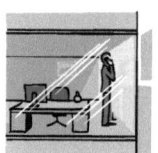

oficina
....
oficina

librería
....
boekhandel

negocio
....
tienda

florería
....
floresteria

supermercado
....
supermarket

mercado
....
mercado

grandes tiendas
....
department store

pescadería
....
bendedo di pisca

centro comercial
....
shopping center

puerto
....
haf

parque

park

banco

banki

puente

brug

escaleras

trapi

subte

metro

túnel

tunnel

arada del colectivo

parada di bus

bar

bar

restaurante

restaurant

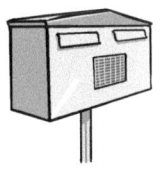

buzón

postbox

letrero

borchi di nomber di caya

parquímetro

parkeermeter

zoológico

parke di bestia

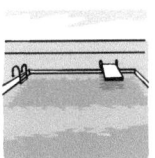

pileta

piscina

mezquita

moskee

granja
cunucu

contaminación
polucion

cementerio
santana

iglesia
misa

juegos infantiles
speelplaats

templo
tempel

paisaje
paisahe

hoja
blachi

poste indicador
borchi di direccion

camino
caminda

pradera
sabana

piedra
piedra

excursionista
keirodo

árbol
palo

río
riu

hierba
yerba

flor
flor

valle
vallei

montaña
sero

lago
lago

bosque
mondi

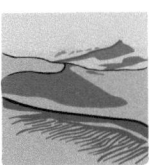

desierto
desierto

volcán
volcan

castillo
kasteel

arco iris
arco iris

champiñón
paddenstoel

palmera
palma

mosquito
sangura

mosca
musca

hormiga
vruminga

abeja
bij

araña
haraña

escarabajo

tor

rana

dori

ardilla

eekhoorn

erizo

porcospina

liebre

coneu

lechuza

shoco

pájaro

parha

cisne

zwaan

jabalí

porco di mondi

ciervo

bina

alce

eland

presa

dam

aerogenerador

molina di biento

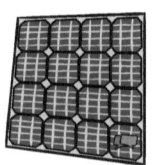

panel solar

panel solar

clima

clima

restaurante

restaurant

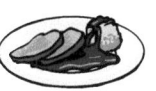

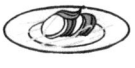

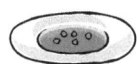

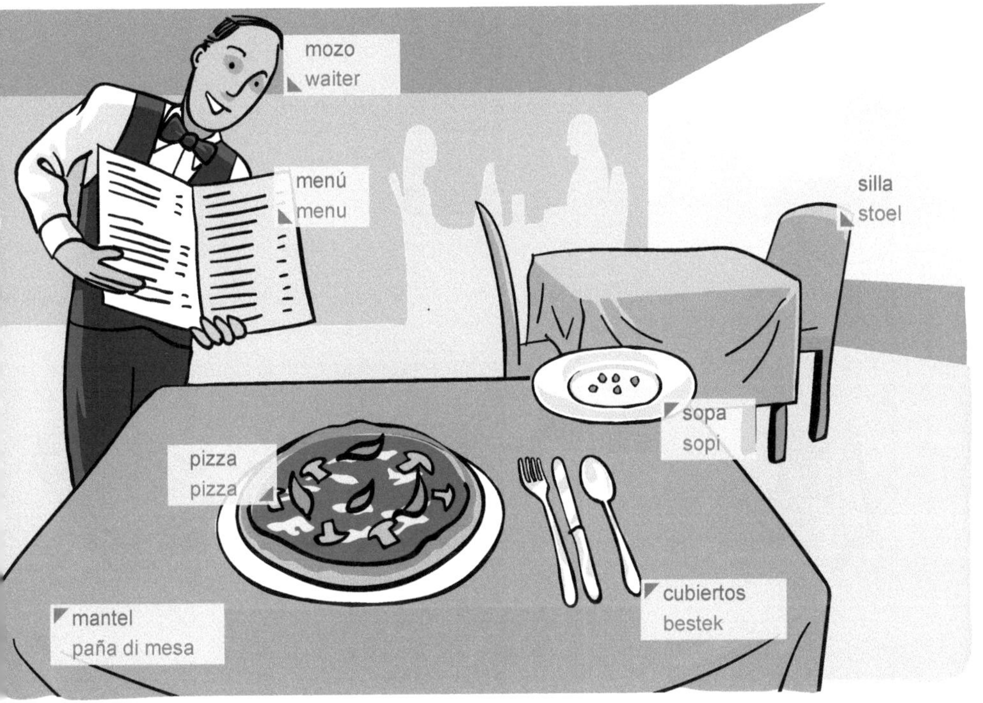
mozo
waiter
menú
menu
silla
stoel
sopa
sopi
pizza
pizza
cubiertos
bestek
mantel
paña di mesa

entrada

aperitivo

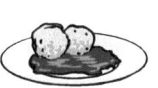

plato principal

cuminda principal

postre

dessert

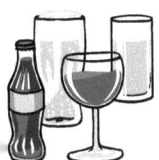

bebidas

bebida

comida

cuminda

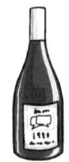

botella

boter

comida rápida

fastfood

comida callejera

streetfood

tetera

canica di te

azucarera

pochi di sucu

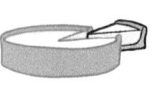

porción

porcion

cafetera expreso

espressomachine

sillita alta

stoel di mucha

cuenta

cuenta

bandeja

hasechi

cuchillo

cuchiu

tenedor

forki

cuchara

cuchara

cucharita

telep

servilleta

napkin

vaso

glas

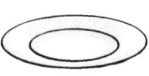

plato

tayo

plato hondo

tayo di sopi

plato

scoter

salsa

saus

salero

pochi di salo

molinillo de pimienta

mulina di peper

vinagre

binager

aceite

azeta

especias

specerij

kétchup

ketchup

mostaza

mosterd

mayonesa

mayonaise

supermercado
supermarket

oferta especial
oferta special
FOR
cliente
cliente
lácteos
producto lacteo
fruta
fruta
changuito
garoshi di compra

BUTCHERS

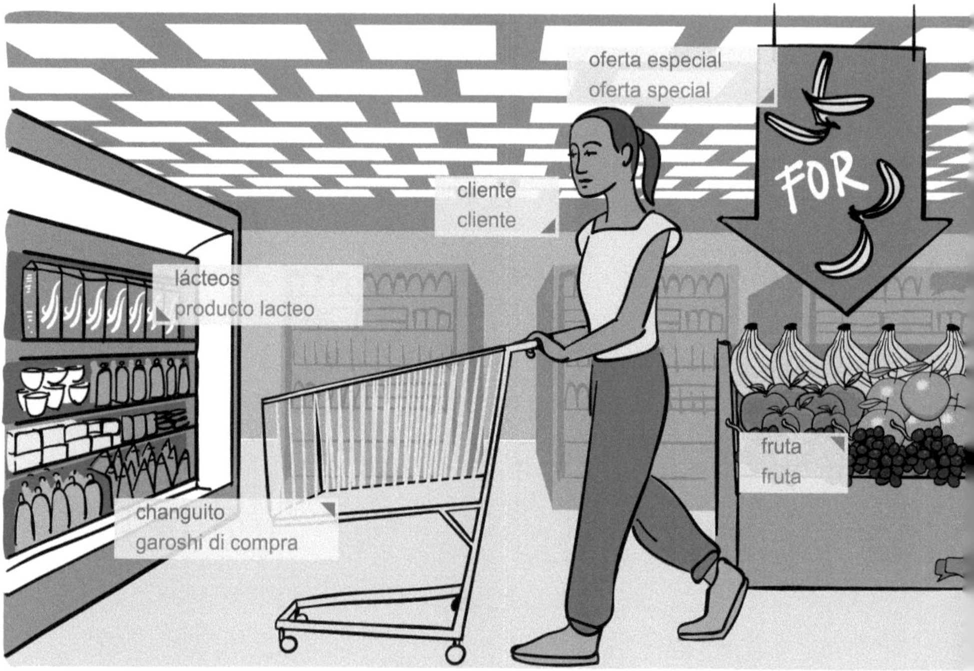

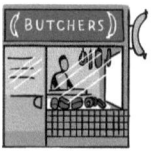

carnicería

carniceria

BAKERY

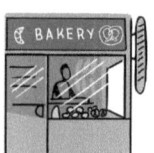

panadería

panaderia

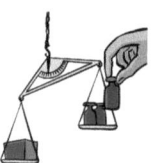

pesar

pisa

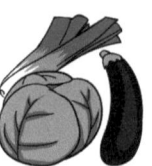

verduras

berdura

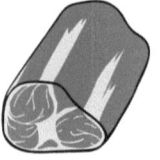

carne

carni

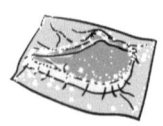

alimentos congelados

frozen food

fiambres
beleg di carni

alimentos enlatados
cuminda di bleki

detergente en polvo
detergente na puiro

golosinas
mangel

electrodomésticos
producto pa cas

productos de limpieza
articulo di limpiesa

vendedora
bendedo

caja
cahero

cajero
cahero

lista de compras
lista di compra

horario de atención
orario

billetera
cartera

tarjeta de crédito
credit card

cartera
tas

bolsa de plástico
saco di plastic

agua

awa

jugo

juice

leche

lechi

bebida cola

cola

vino

biña

cerveza

cerbes

alcohol

alcohol

cacao

chocomel

té

te

café

koffie

café expreso

espresso

cappuccino

cappuccino

banana

bacoba

manzana

appel

naranja

apelsina

melón

milon

limón

lamunchi

zanahoria

wortel

ajo

conoflok

bambú

bambu

cebolla

siboyo

champiñón

mushroom

nueces

noot

fideos

pasta

tallarines

spaghetti

arroz

aros

ensalada

salada

papas fritas

batata hasa

papas fritas

batata hasa

pizza

pizza

hamburguesa

hamburger

sándwich

sandwich

churrasco

cutlet

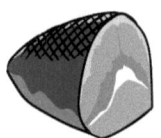

jamón

ham

salame

salami

salchicha

soseishi

pollo

galiña

asado

hasa

pescado

pisca

comida - cuminda

copos de avena

papa

muesli

müsli

copos de maíz

cornflakes

harina

hariña

medialuna

croissant

pancito

pan rondo

pan

pan

tostada

toast

galletitas

cuki

manteca

manteca

cuajada

kwark

torta

bolo

huevo

webo

huevo frito

webo hasa

queso

keshi

helado

ijscream

azúcar

sucu

miel

honing

mermelada

jam

pasta de chocolate

pasta di chuculati

curry

curry

granja
cunucu

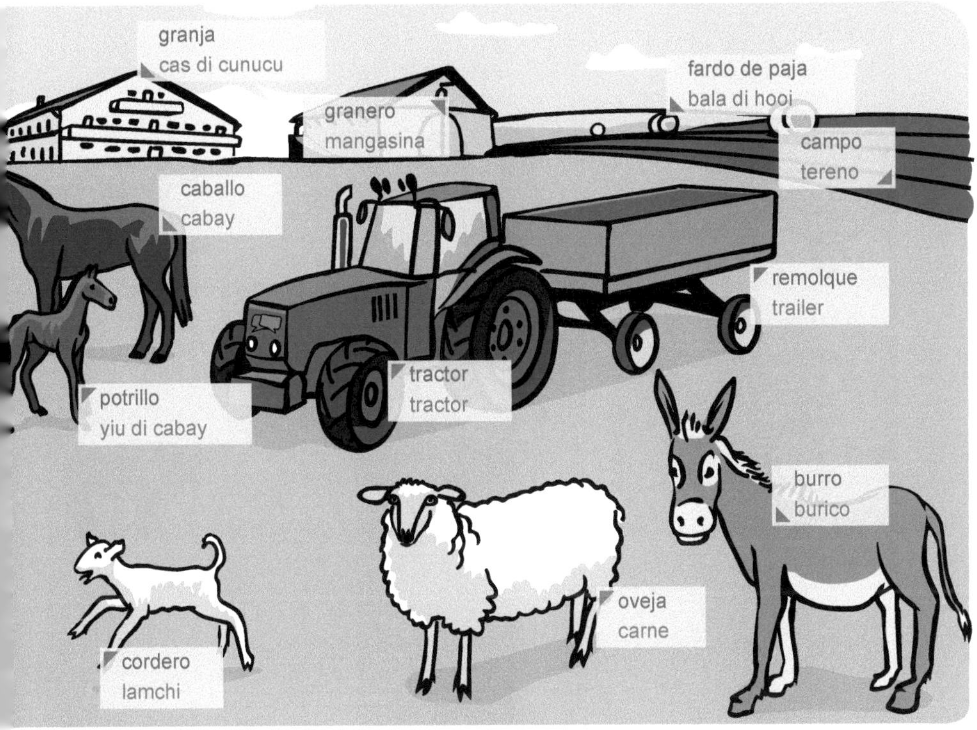
granja
cas di cunucu
granero
mangasina
fardo de paja
bala di hooi
campo
tereno
caballo
cabay
remolque
trailer
tractor
tractor
potrillo
yiu di cabay
burro
burico
oveja
carne
cordero
lamchi

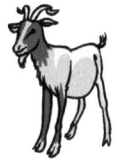

cabra

cabrito

vaca

baca

ternero

bishe

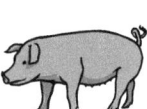

cerdo

porco

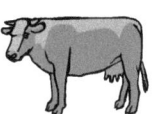

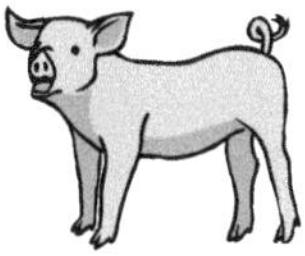

lechón

yiu di porco

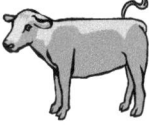

toro

toro

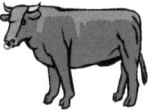

ganso

gans

pato

pato

pollo

puyito

gallina

galiña

gallo

gay

rata

djaca

gato

pushi

ratón

raton

buey

toro

perro

cacho

cucha

cas di cacho

manguera

slang pa muha mata

regadera

gieter

guadaña

herment pa corta yerbe

arado

ploeg

hoz

garabati

azada

chapi

horquilla

forki pa coy hooi

hacha

hacha

carretilla

garetia

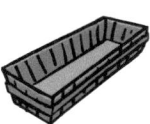

abrevadero

pesebre

lechera

canica di lechi

bolsa

saco

reja

heki

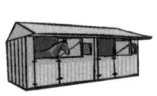

establo

stal

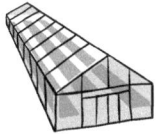

invernadero

greenhouse

suelo

suela

semilla

simia

fertilizador

mest

cosechadora

mashin di cosecha

cosechar
cosecha

cosecha
cosecha

batatas
yams

trigo
trigo

soja
soya

papa
batata

maíz
maishi

semilla de colza
canola

árbol frutal
palo di fruta

mandioca
yuca

cereales
grano

casa
cas

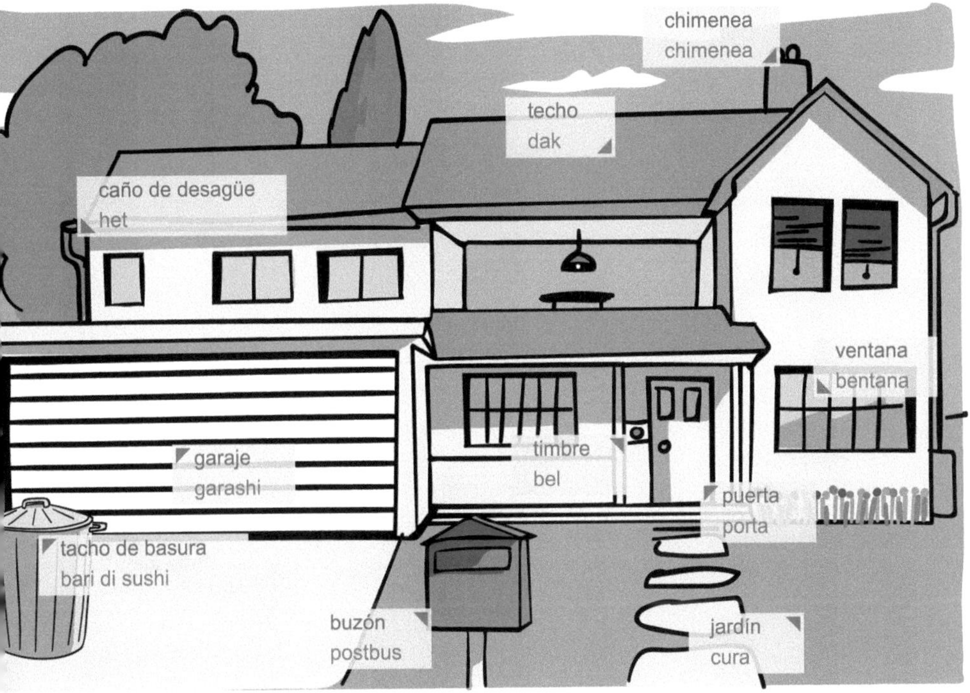
chimenea
chimenea
techo
dak
caño de desagüe
het
ventana
bentana
garaje
garashi
timbre
bel
puerta
porta
tacho de basura
bari di sushi
buzón
postbus
jardín
cura

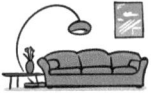

living
sala

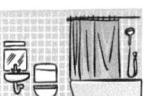

baño
baño

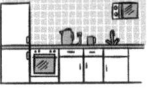

cocina
cushina

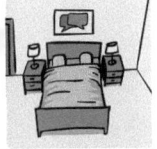

dormitorio
camber

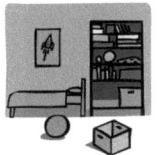

cuarto de los chicos
camber di mucha

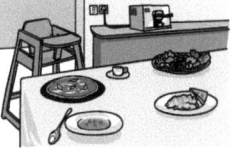

comedor
comedo

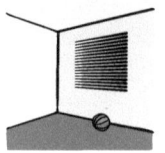

piso

suela

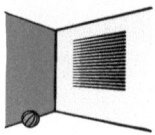

pared

muraya

cielorraso

blafon

sótano

bodega

sauna

sauna

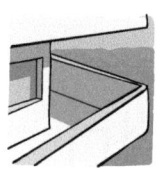

balcón

balcon

terraza

terasa

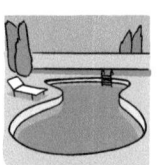

pileta

piscina

cortadora de pasto

mashin di corta yerba

sábana

laken

acolchado

bedsprei

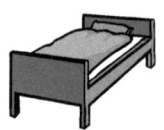

cama

cama

escoba

basora

balde

hemchi

interruptor

switch

living

sala

empapelado
papel pa papela
imagen
potret
lámpara
lampi
estante
reki
armario
cashi
televisión
television
chimenea
fogon
flor
flor
almohadón
cusinchi
sofá
sofa
florero
vaas
control remoto
remote control

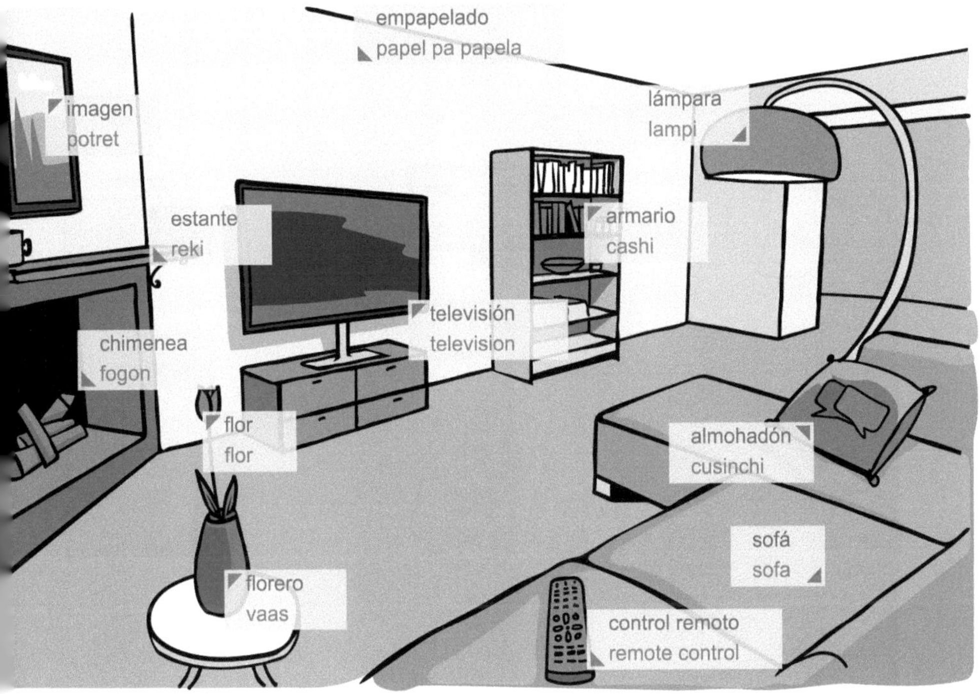

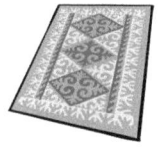

alfombra

tapijt

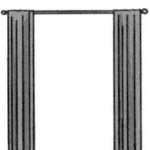

cortina

cortina

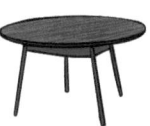

mesa

mesa

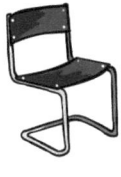

silla

stoel

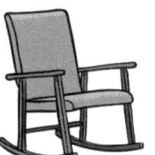

mecedora

stoel di zoya

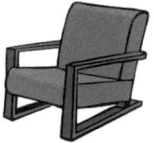

sillón

stoel

libro

buki

frazada

dekel

decoración

decoracion

leña

palo pa kima

película

film

equipo de música

stereoset

llave

yabi

diario

corant

pintura

cuadra

póster

poster

radio

radio

cuaderno

blocnote

aspiradora

stofzuiger

cactus

cadushi

vela

bela

cocina
cushina

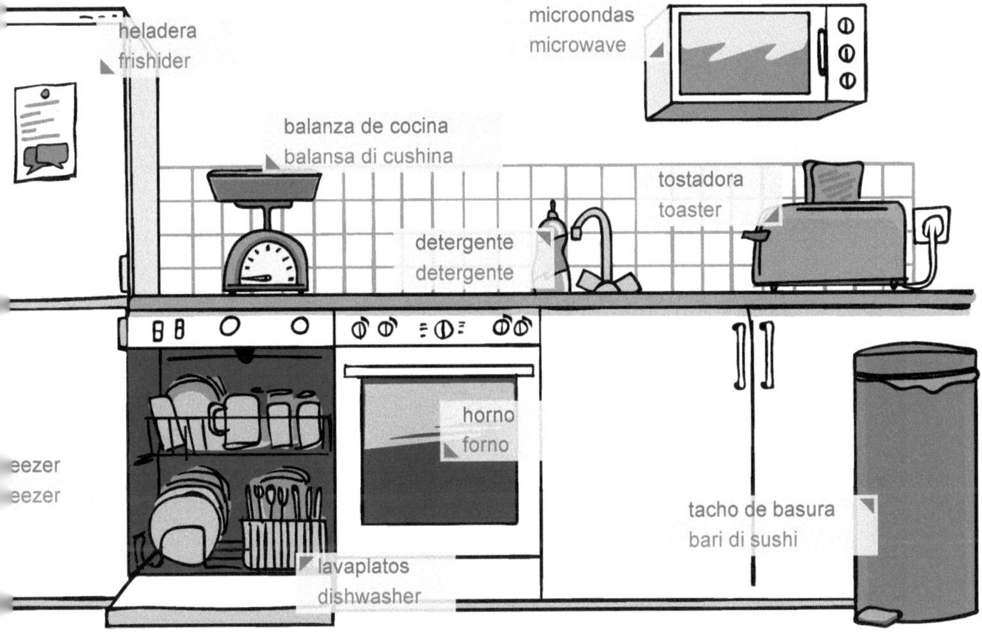
heladera
frishider
microondas
microwave
balanza de cocina
balansa di cushina
tostadora
toaster
detergente
detergente
horno
forno
eezer
eezer
tacho de basura
bari di sushi
lavaplatos
dishwasher

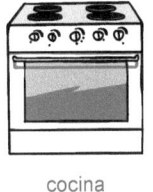

cocina

stoof

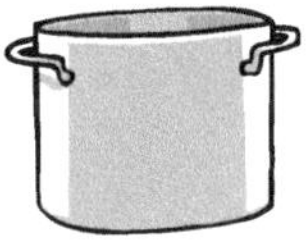

olla

wea

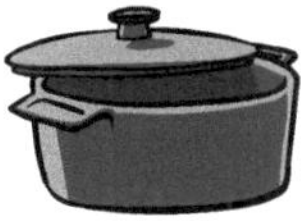

olla de hierro fundido

wea di hero

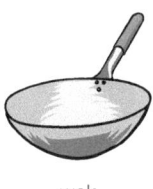

wok

wok

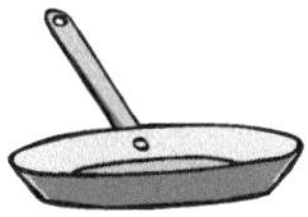

sartén

planchi

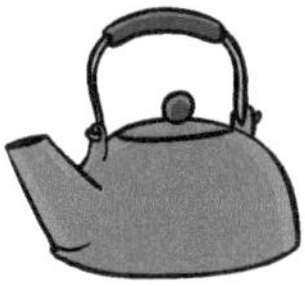

pava

ketel

vaporera
....
steamer

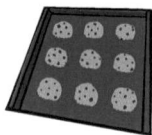

bandeja de horno
....
teblachi pa horna

vajilla
....
servies

taza
....
beker

bol
....
conchi

palitos
....
chopstick

cucharón
....
cuchara di sopi

estpátula
....
spatula

batidora
....
garde

colador
....
scurido

colador
....
colado

rallador
....
raspa

mortero
....
fenso

parrilla
....
barbecue

fogata
....
candela

cocina - cushina

tabla de picar

planki pa corta

palo de amasar

rostok

sacacorchos

kurkentrek

lata

bleki

abrelatas

cos di habri bleki

manopla

pannenlap

pileta

wasbak

cepillo

skeiro

esponja

spons

batidora

blender

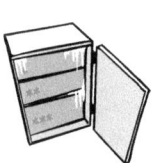

congelador

freezer

mamadera

tetero

canilla

cranchi

baño

baño

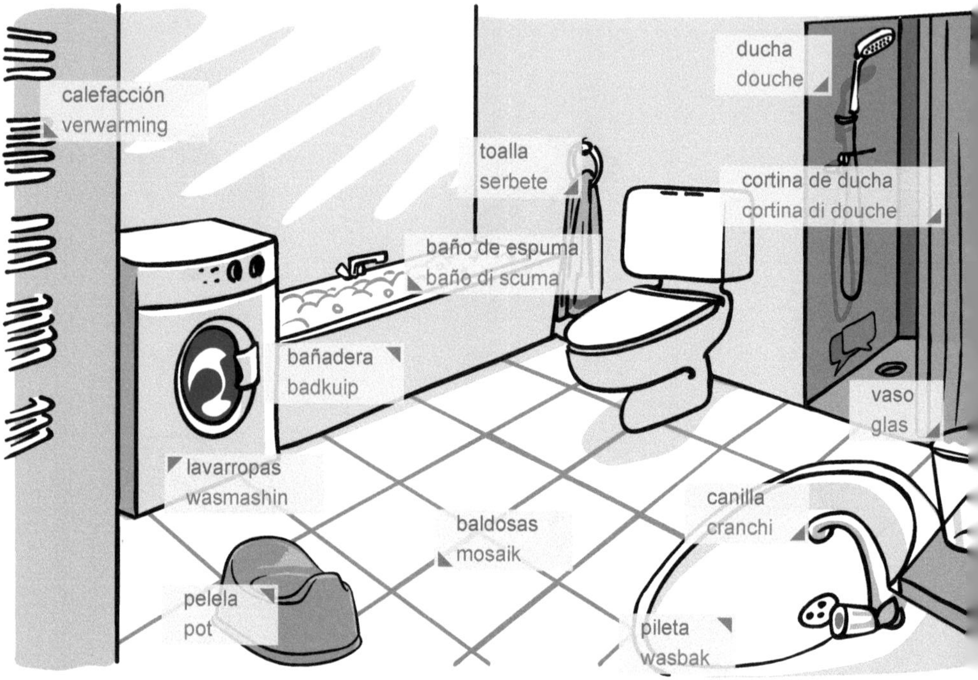
ducha
douche
calefacción
verwarming
toalla
serbete
cortina de ducha
cortina di douche
baño de espuma
baño di scuma
bañadera
badkuip
vaso
glas
lavarropas
wasmashin
canilla
cranchi
baldosas
mosaik
pelela
pot
pileta
wasbak

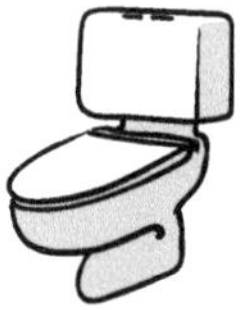

inodoro

tualet

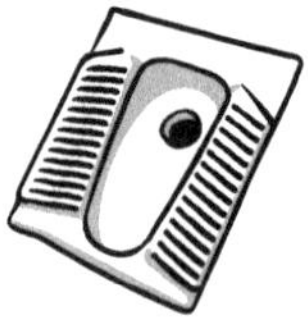

letrina

hurktoilet

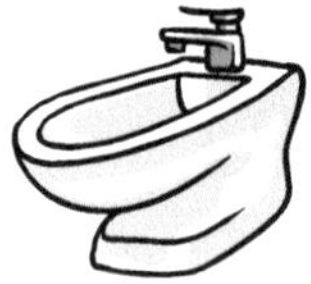

bidé

bidet

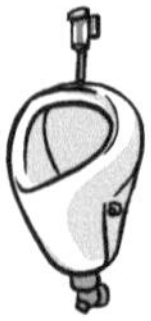

mingitorio

urinal

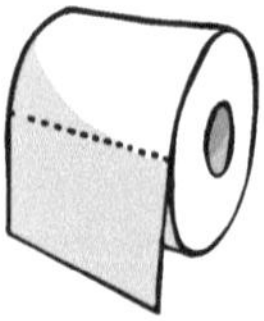

papel higiénico

papel di w.c.

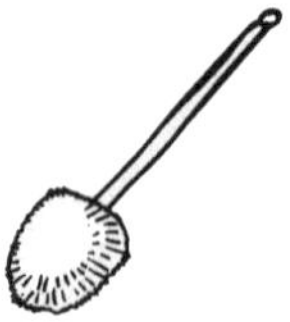

cepillo para el inodoro

skeiro di w.c.

cepillo de dientes

skeiro di djente

dentífrico

pasta di djente

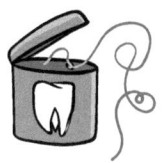

hilo dental

dental floss

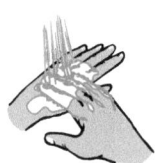

lavar

laba

ducha de mano

douche di man

ducha higiénica

bidet

palangana

tobo

cepillo para espalda

skeiro

jabón

habon

gel de ducha

shower gel

shampoo

shampoo

toallita

washandje

desagüe

drain

crema

crema

desodorante

desodorante

espejo

spiel

espejito

spiel di man

maquinita de afeitar

blet

espuma de afeitar

shaving foam

aftershave

aftershave

peine

peña

cepillo

skeiro

secador de pelo

blower

spray

spray pa cabey

maquillaje

makeup

lápiz de labios

lipstick

esmalte para uñas

cos di pinta huña

algodón

catuna

tijera para uñas

sker pa corta huña

perfume

perfume

portacosméticos
tas

banqueta
kruk

balanza
balansa

bata
bata

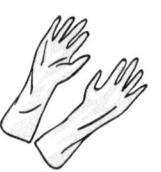

guantes de goma
handschoen

tampón
tampon

toallita femenina
kotex

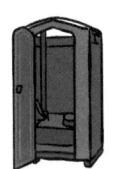

baño químico
wc kimico

cuarto de los chicos
camber di mucha

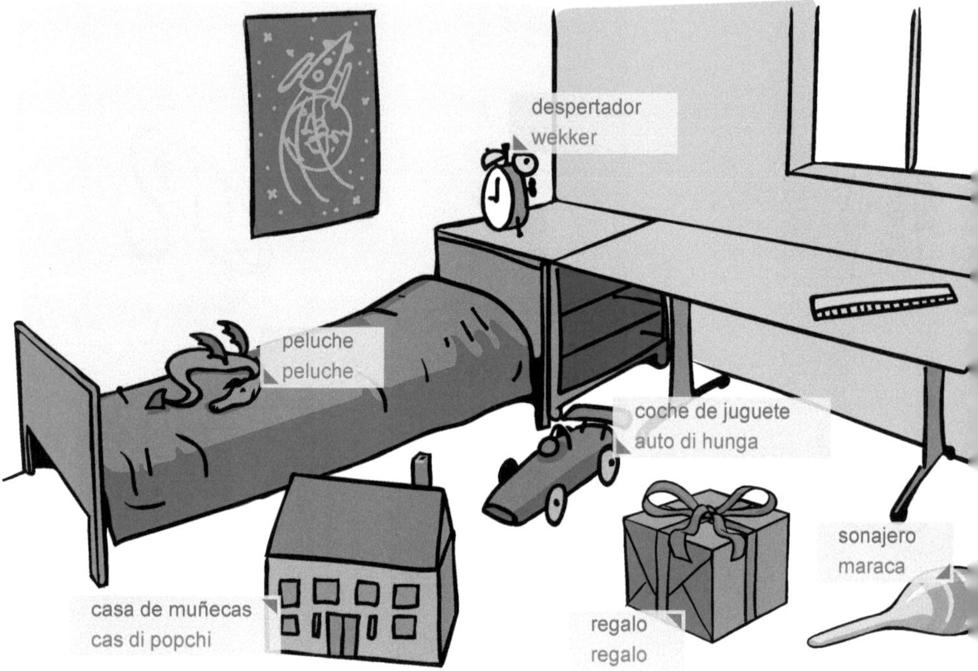
despertador
wekker
peluche
peluche
coche de juguete
auto di hunga
sonajero
maraca
casa de muñecas
cas di popchi
regalo
regalo

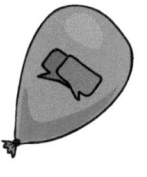

globo
blaas

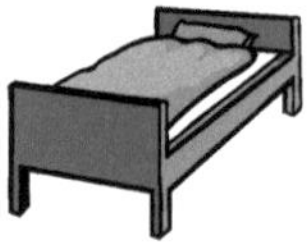

cama
cama

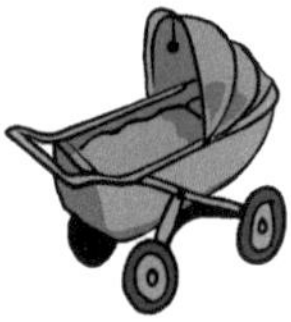

cochecito
stroller

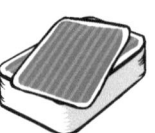

cartas
baraha di carta

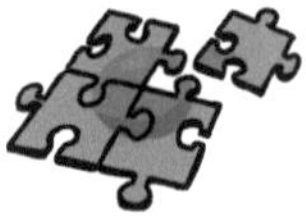

rompecabezas
puzzel

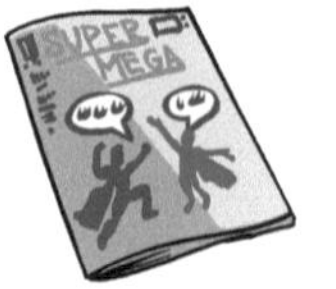
SUPER
MEGA

historieta
comic

piezas de lego
....
lego

ladrillos de juguete
....
bloki di hunga

figura de acción
....
figura di accion

enterito (de bebé)
....
romper

frisbee
....
frisbee

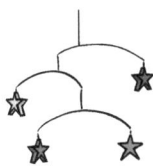

móvil para bebés
....
mobil

juego de mesa
....
wega di mesa

dados
....
dou

tren eléctrico
....
set di trein

chupete
....
chupon

fiesta
....
fiesta

libro de cuentos ilustrado

....
buki di prenchi

pelota
....
bala

muñeca
....
popchi

jugar
....
hunga

arenero

zandbak

hamaca

zoya

juguetes

cos di hunga

consola de videojuegos

videogame

triciclo

tricycle

osito de peluche

beer

armario

cashi di paña

ropa

paña

medias

mea

medias panty

mea

calzas

pantyhose

bufanda
sjaal

paraguas
paraplu

remera
T-shirt

cinturón
faha

botas
boots

pantuflas
slof

zapatillas
keds

sandalias
....
sandalia

zapatos
....
sapato

botas de goma
....
laars di rubber

ropa interior
....
carsonsio

corpiño
....
bh

chaleco
....
flanel

body
body

pantalones
carson

jeans
jeans

pollera
saya

blusa
blusa

camisa
camisa

pulóver
sweater

buzo
sweater

blazer
blazer

campera
jacket

tapado
jas

piloto
regenjas

traje
flus

vestido
shimis

vestido de novia
shimis di bruid

traje
flus

camisón
yapon

pijama
pidjama

sari
sari

pañuelo para cabeza
lenso di cabes

turbante
turban

burka
burqa

caftán
kaftan

abaya
abaya

traje de baño
zwempak

short de baño
zwembroek

shorts
carson cortico

jogging
trainingspak

delantal
lantera

guantes
handschoen

botón

boton

anteojos

bril

pulsera

armband

collar

cadena

anillo

renchi

aro

renchi di horea

gorra

pechi

percha

kapstok

sombrero

sombre

corbata

dashi

cierre

ziper

casco

helm

tiradores

guiel

uniforme escolar

uniform di scol

uniforme

uniform

babero
....
babado

chupete
....
chupon

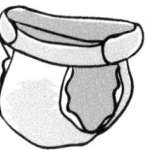

pañal
....
bruki

oficina

oficina

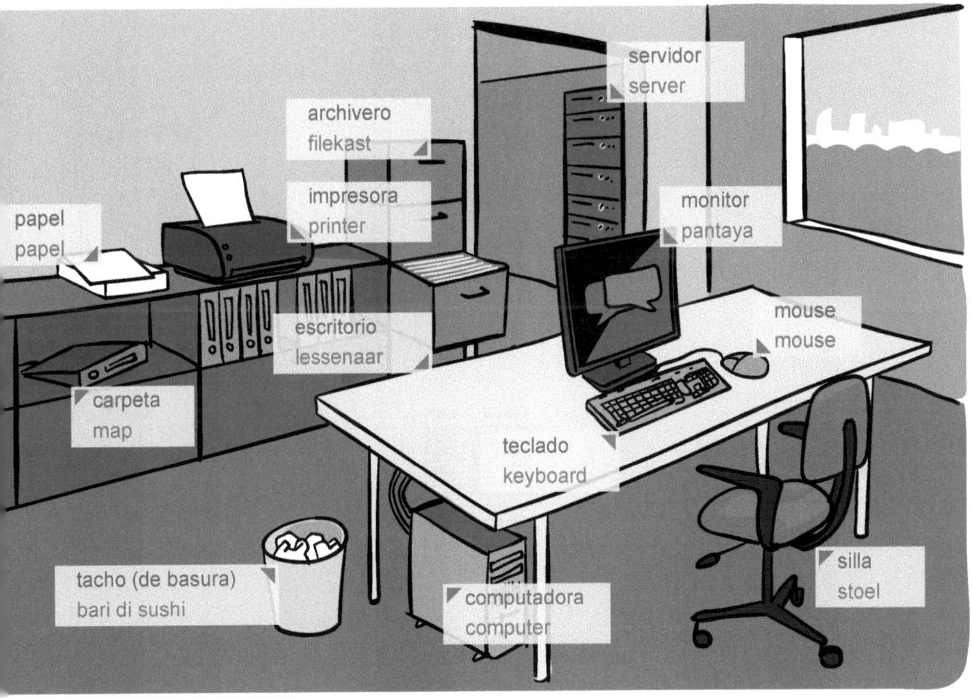

servidor
server

archivero
filekast

impresora
printer

papel
papel

monitor
pantaya

mouse
mouse

escritorio
lessenaar

carpeta
map

teclado
keyboard

tacho (de basura)
bari di sushi

silla
stoel

computadora
computer

taza de café
....
opi pa bebe koffie

calculadora
....
calculator

internet
....
internet

laptop

laptop

carta

carta

mensaje

mensahe

celular

celular

red

red

fotocopiadora

mashin di copia

software

software

teléfono

telefon

tomacorriente

stopcontact

fax

fax mashin

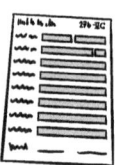

formulario

formulario

documento

documento

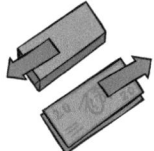

comprar

cumpra

pagar

paga

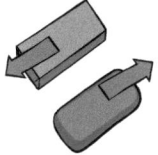

hacer negocios

negosha

dinero

placa

dólar

dollar

euro

euro

yen

yen

rublo

roebel

franco suizo

frank suiso

yuan

yuan renminbi

rupia

roepi

cajero automático

bancomatico

casa de cambio

oficina di cambio

oro

oro

plata

plata

petróleo

azeta

energía

energia

precio

prijs

contrato

contract

impuesto

impuesto

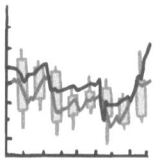

acción

share

trabajar

traha

empleado

empleado

empleador

dunado di trabou

fábrica

fabrica

negocio

tienda

ocupaciones

ofishi / profesion

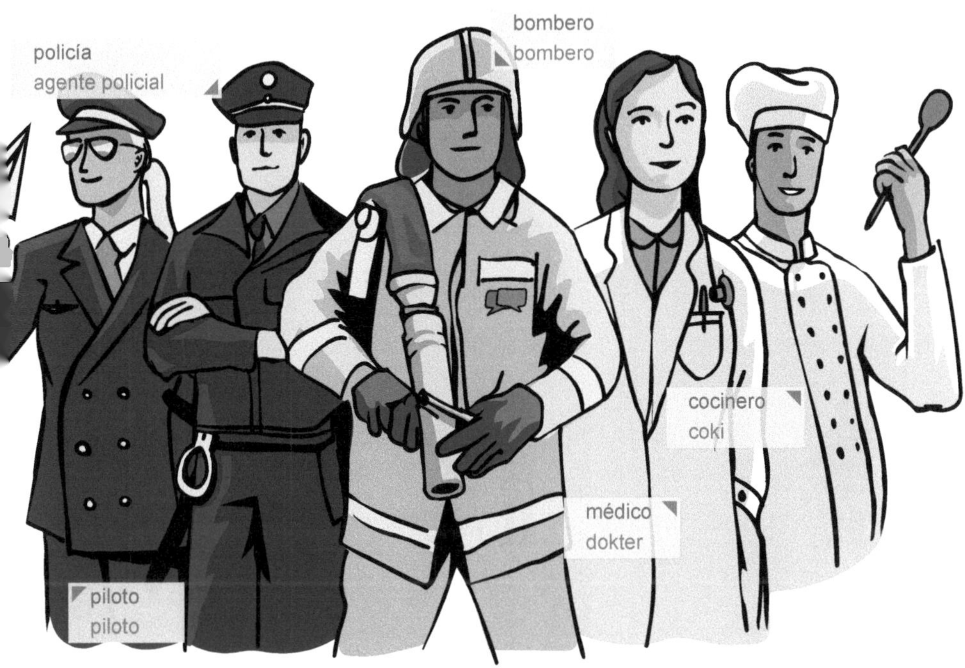
bombero
bombero
policía
agente policial
cocinero
coki
médico
dokter
piloto
piloto

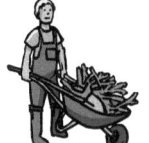

jardinero

hardinero

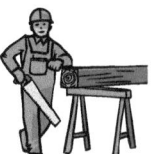

carpintero

carpinte

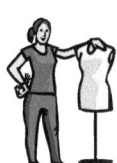

modista

cosedo

juez

hues

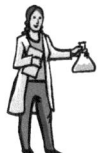

farmacéutico

kimico

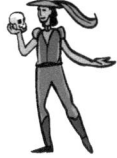

actor

actor

colectivero

chauffeur di bus

taxista

chauffeur di taxi

pescador

piscado

mucama

hende cu ta haci cas limpi

techista

drechado di dak

mozo

waiter

cazador

jaagdo

pintor

verfdo

panadero

panadero

electricista

electricista

albañil

trahado den construccion

ingeniero

ingeniero

carnicero

carnicero

plomero

loodgieter

cartero

partido di carta

ocupaciones - ofishi / profesion

soldado

solda

arquitecto

arkitecto

cajero

cahero

florista

florista

peluquero

pelukero / pelukera

cobrador

controlado di ticket

mecánico

mecanico

capitán

capitan

dentista

dentista

científico

cientifico

rabino

rabbi

imán

imam

monje

monk

sacerdote

pastor

herramientas

herment

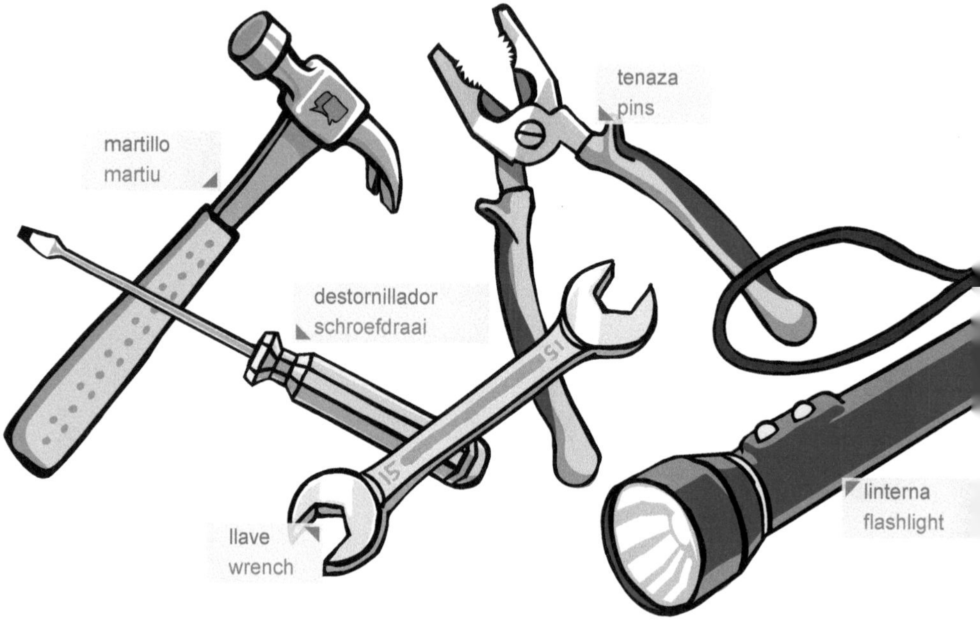

martillo
martiu
tenaza
pins
destornillador
schroefdraai
llave
wrench
linterna
flashlight

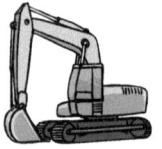

excavadora

bulldozer

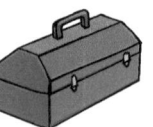

caja de herramientas

caha di herment

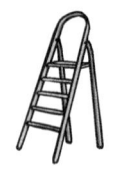

escalera portátil

trapi

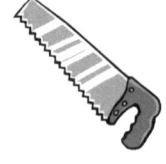

sierra

zaag

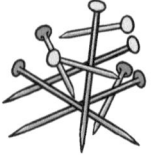

clavos

clabo

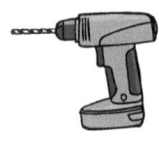

taladro

boormashin

arreglar

drecha

pala de jardín

shobel

¡Qué bronca!

caraho!

pala de plástico

scop

tacho de pintura

bleki di verf

tornillos

schroef

instrumentos musicales
instrumento musical

batería
drumset

parlante
speaker

guitarra
guitara

contrabajo
contrabaho

trompeta
trompet

piano

piano

violín

fio

bajo

baho

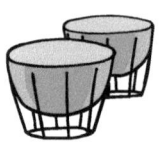

timbales

timbal

tambor

tambu

teclado

keyboard

saxofón

saxofon

flauta

fluit

micrófono

microfon

zoológico
parke di bestia

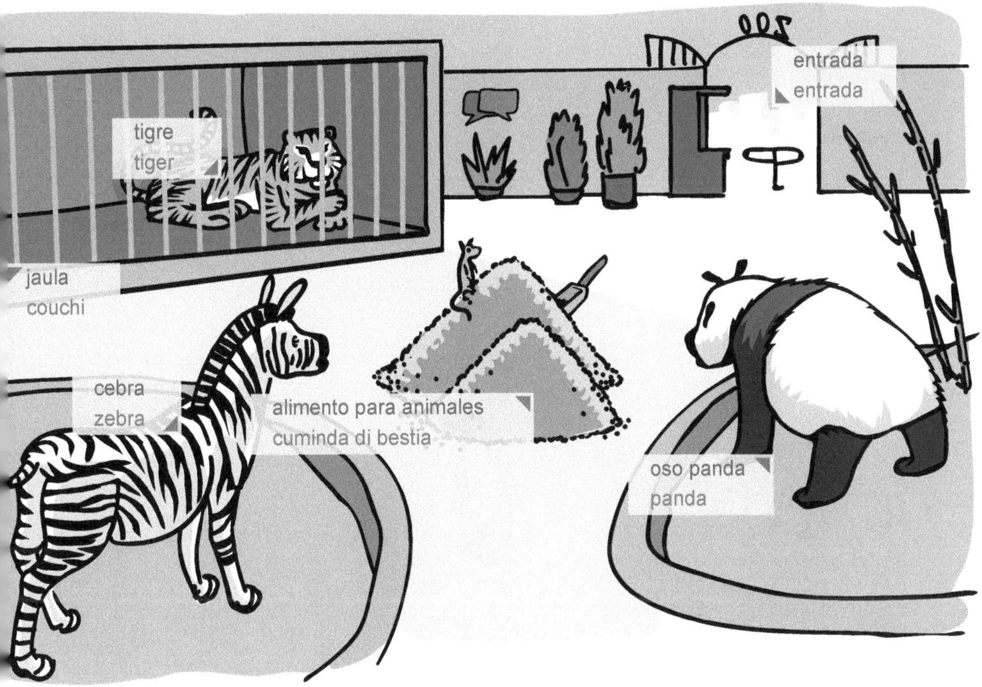

tigre
tiger
entrada
entrada
jaula
couchi
cebra
zebra
alimento para animales
cuminda di bestia
oso panda
panda

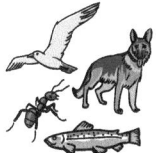

animales

animal

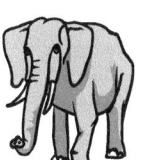

elefante

olifante

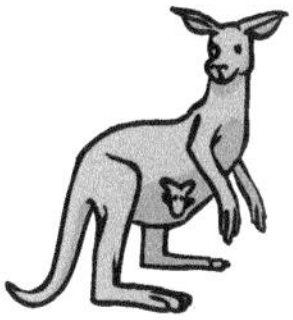

canguro

cangaru

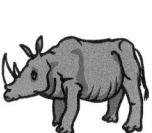

rinoceronte

neushoorn

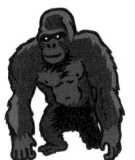

gorila

gorila

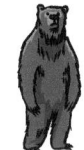

oso

beer

camello

camel

avestruz

avestruz

león

leon

mono

macaco

flamenco

flamingo

loro

lora

oso polar

beer polar

pingüino

pinguin

tiburón

tribon

pavo real

pauwies

serpiente

colebra

cocodrilo

caiman

cuidador del zoológico

cuidado di bestia

foca

cacho di awa

jaguar

jaguar

poni
pony

leopardo
leopardo

hipopótamo
hipopotamo

jirafa
giraf

águila
aguila

jabalí
porco di mondi

pescado
pisca

tortuga
turtuga

morsa
walrus

zorro
vos

gacela
gazelle

fútbol americano
futbol Americano

ciclismo
ciclismo

tenis
tennis

básquet
basketball

natación
landamento

boxeo
boxeo

hockey sobre hielo
ice hockey

fútbol
futbol

bádminton
badminton

atletismo
atletismo

handball
handbal

esquí
ski

polo
polo

actividades

actividad

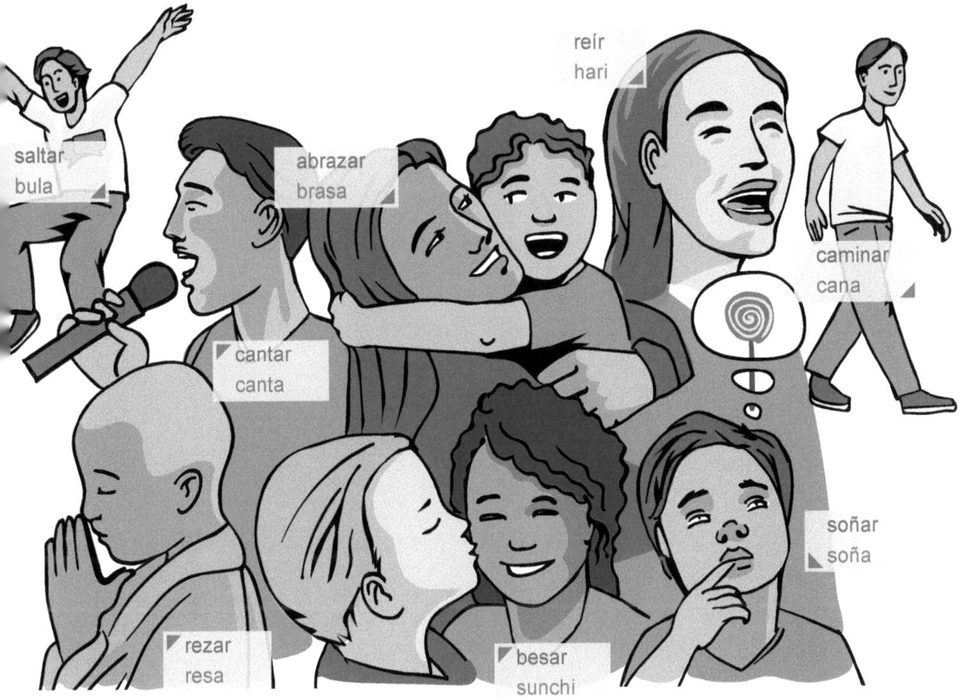
reír
hari
saltar
bula
abrazar
brasa
caminar
cana
cantar
canta
soñar
soña
rezar
resa
besar
sunchi

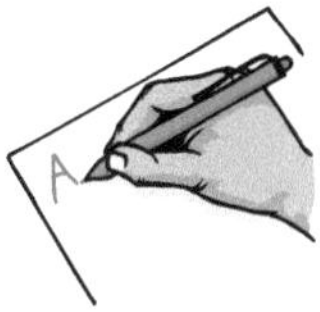

escribir

skirbi

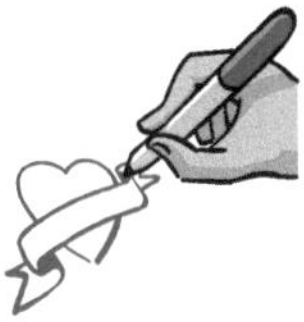

dibujar

pinta

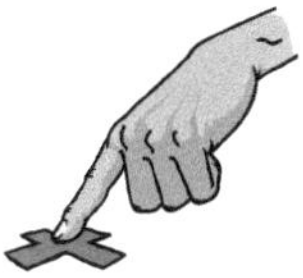

mostrar

mustra

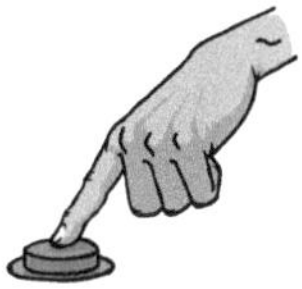

presionar

primi

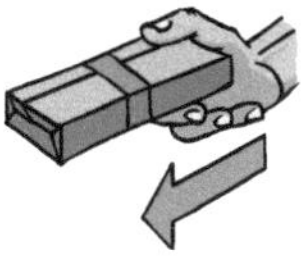

dar

duna

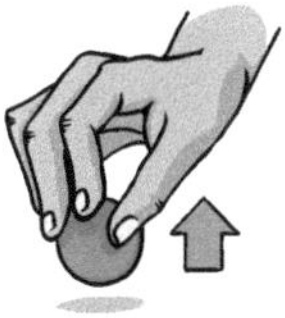

tomar

coy

tener

....

tin

hacer

....

haci

ser

....

ta

estar parado

....

para

correr

....

core

tirar

....

ranca

tirar

....

tira

caer

....

cay

estar acostado

....

drumi

esperar

....

warda

llevar

....

carga

estar sentado

....

sinta

vestirse

....

bisti

dormir

....

drumi

despertar

....

lanta fo'i soño

actividades - actividad

mirar

mira

llorar

yora

acariciar

caricia

peinar

peña

hablar

papia

entender

compronde

preguntar

puntra

escuchar

scucha

beber

bebe

comer

come

ordenar

ruim op

amar

stima

cocinar

cushna

manejar

bai

volar

bula

actividades - actividad

navegar

zeilo

calcular

conta

leer

lesa

aprender

siña

trabajar

traha

casarse

casa

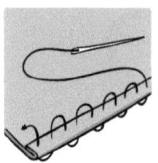

coser

cose

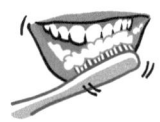

cepillarse los dientes

skeiro djente

matar

mata

fumar

huma

enviar

manda

abuela
wela

abuelo
welo

padre
tata

madre
mama

bebé
baby

hija
yiu muhe

hijo
yiu homber

invitado

huesped

tía

tanta

tío

omo

hermano

ruman homber

hermana

ruman muhe

cuerpo
curpa

frente
frenta
ojo
wowo
hombro
schouder
dedo
dede
cara
cara
pera
cachete
mano
man
pierna
pia
pecho
pecho
brazo
brasa

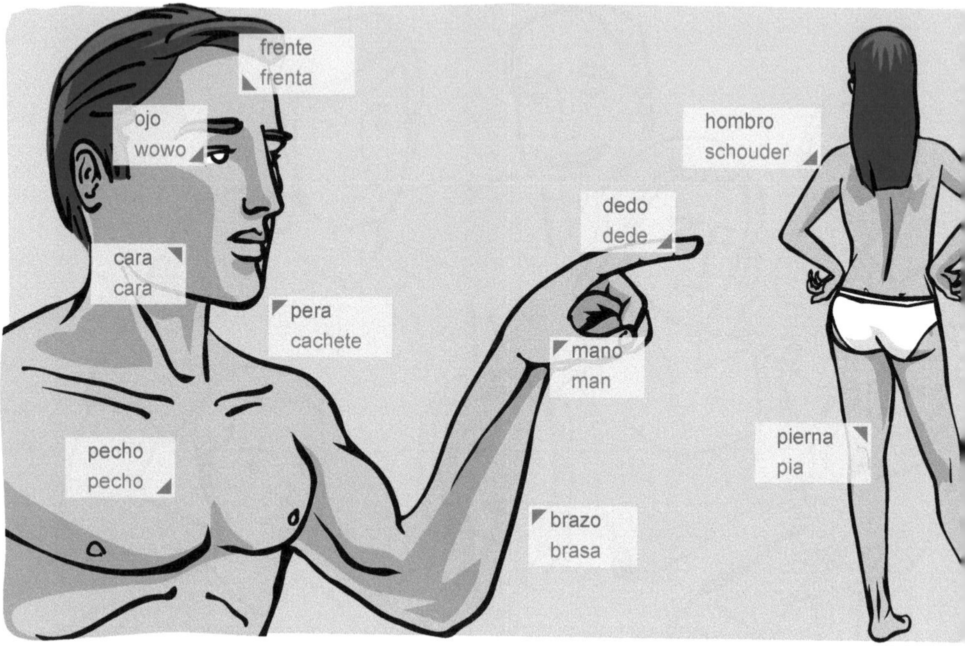

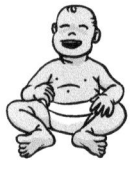

bebé

baby

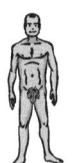

hombre

homber

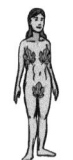

mujer

muhe

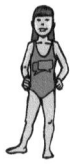

nena

mucha muhe

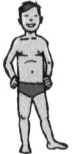

nene

mucha homber

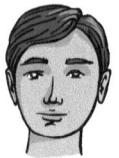

cabeza

cabes

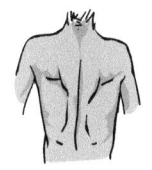

espalda
lomba

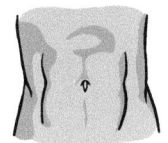

panza
bariga

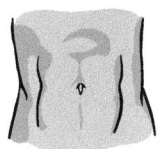

ombligo
lombrishi

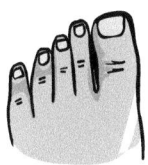

dedo del pie
dede di pia

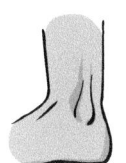

talón
hilchi

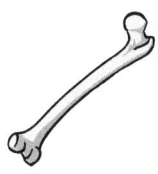

hueso
weso

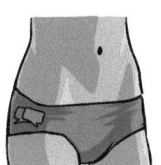

cadera
heup

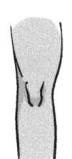

rodilla
rudia

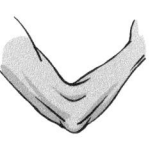

codo
elleboog

nariz
nanishi

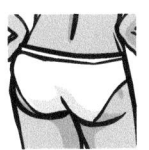

cola
chanchan

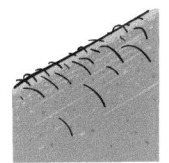

piel
cuero

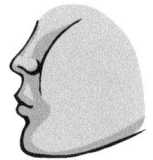

cachete
wang

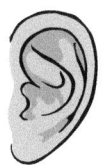

oreja
horea

labio
lip

cuerpo - curpa

boca
boca

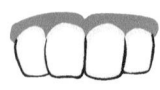

diente
djente

lengua
lenga

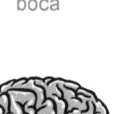

cerebro
celebro

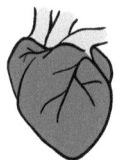

corazón
curason

músculo
musculo

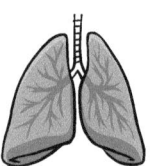

pulmón
pulmon

hígado
higra

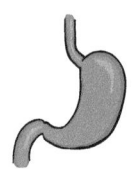

estómago
stoma

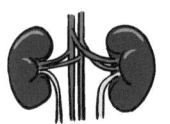

riñones
nier

sexo
sex

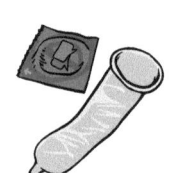

preservativo
condon

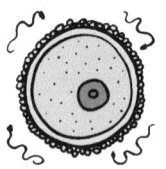

óvulo
ovulo

semen
sperma

embarazo
embaraso

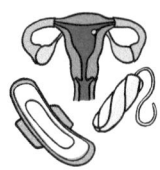

menstruación

menstruacion

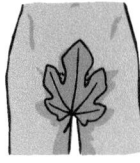

vagina

vagina

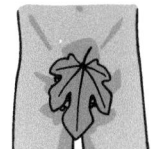

pene

penis

ceja

wenkbrauw

pelo

cabey

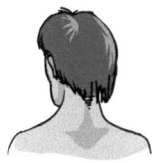

cuello

nek

hospital
hospital

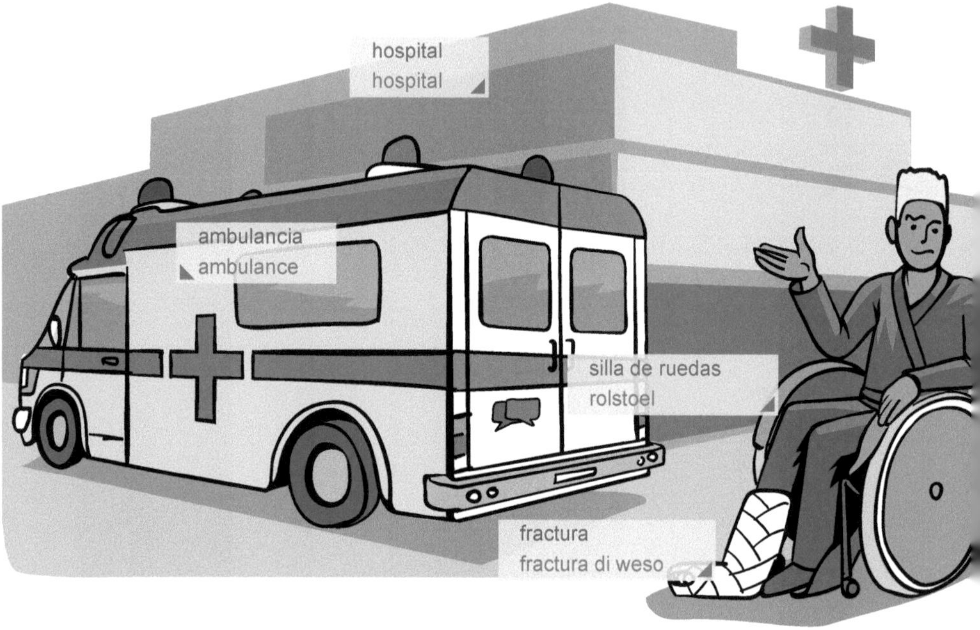

hospital
hospital
ambulancia
ambulance
silla de ruedas
rolstoel
fractura
fractura di weso

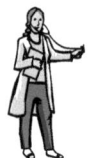

médico

dokter

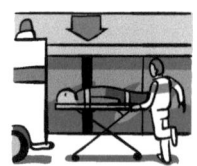

sala de guardia

EHBO (prome asistencia/eerste hulp)

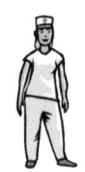

enfermera

nurse

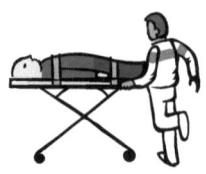

emergencia

caso di emergencia

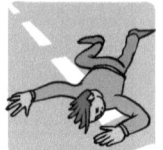

inconsciente

fo'i tino

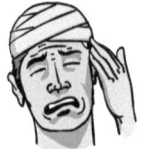

dolor

dolor

lesión
lesion

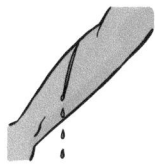

hemorragia
sangramento

infarto
ataca di curason

ACV
ataca celebral

alergia
alergia

tos
tosa

fiebre
keintura

gripe
griep

diarrea
diarea

dolor de cabeza
dolor di cabes

cáncer
cancer

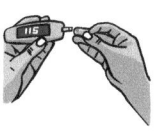

diabetes
diabetes

cirujano
ciruhano

bisturí
scalpel

operación
operacion

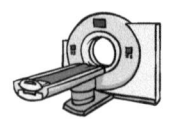

TC
CT

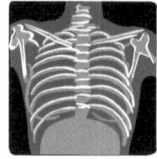

rayos x
x-ray

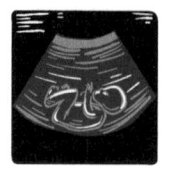

ecografía
echo

barbijo
masker contra stof

enfermedad
malesa

sala de espera
sala di espera

muleta
kruk

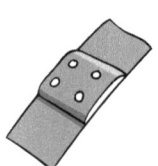

curita
pleister

venda
verband

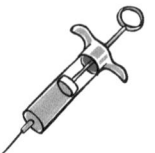

inyección
inyeccion

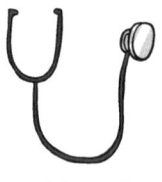

estetoscopio
stetoscop

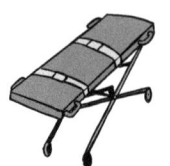

camilla
brancard

termómetro
thermometer

nacimiento
nacemento

sobrepeso
sobrepeso

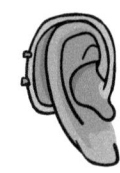

audífono

aparato pa oido

desinfectante

desinfectante

infección

infeccion

virus

virus

VIH / SIDA

HIV / AIDS

remedio

remedi

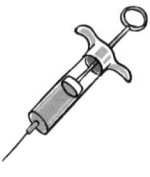

vacunación

vacuna

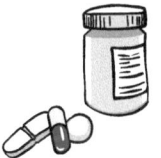

comprimidos

pilder

pastilla anticonceptiva

pilder

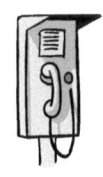

llamada de emergencia

llamada di emergencia

tensiómetro

aparato pa midi presion

enfermo / sano

malo / saludabel

¡Ayuda!

auxilio!

alarma

alarma

agresión

atraco

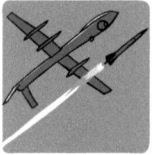

ataque

atake

peligro

peliger

salida de emergencia

salida di emergencia

¡Fuego!

candela

matafuego

brandspuit

accidente

desgracia

botiquín de primeros
auxilios

caha di prome asistencia

SOS

SOS

policía

polis

Europa

Europa

América del Norte

Noord America

América del Sur

Sur America

África

Africa

Asia

Asia

Australia

Australia

Atlántico

Oceano Atlantico

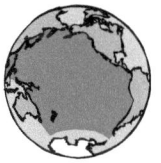

Pacífico

Oceano Pacifico

Océano Índico

Oceano Indio

Océano Antártico

Oceano Antartico

Océano Ártico

Oceano Artico

polo norte

Noordpool

polo sur

Zuidpool

Antártida

Antartica

Tierra

mundo

tierra

tera

mar

lama

isla

isla

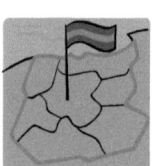

nación

nacion

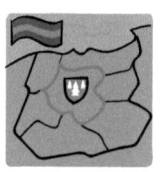

estado

estado

esfera

holoshi analog

manecilla de las horas

wijzer chikito

minutero

wijzer grandi

segundero

wijzer di seconde

¿Qué hora es?

Cuant'or tin?

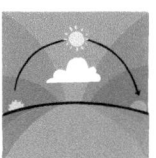

día

dia

hora

tempo

ahora

awor

reloj digital

holoshi digital

minuto

minuut

hora

ora

semana

siman

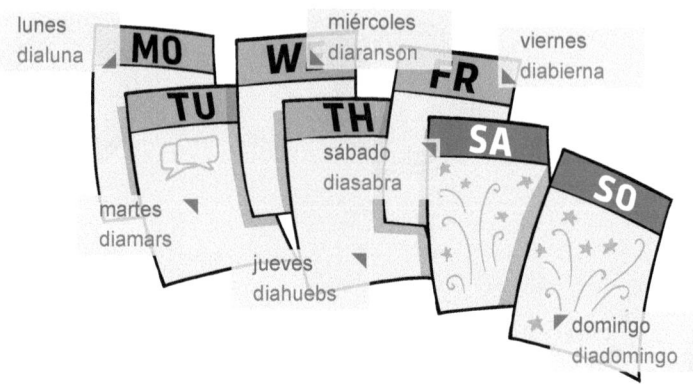

lunes
dialuna

miércoles
diaranson

viernes
diabierna

sábado
diasabra

martes
diamars

jueves
diahuebs

domingo
diadomingo

ayer
ayera

hoy
awe

mañana
mañan

mañana
mainta

mediodía
merdia

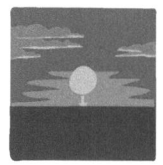

tarde
anochi

días hábiles
dia di trabou

fin de semana
weekend

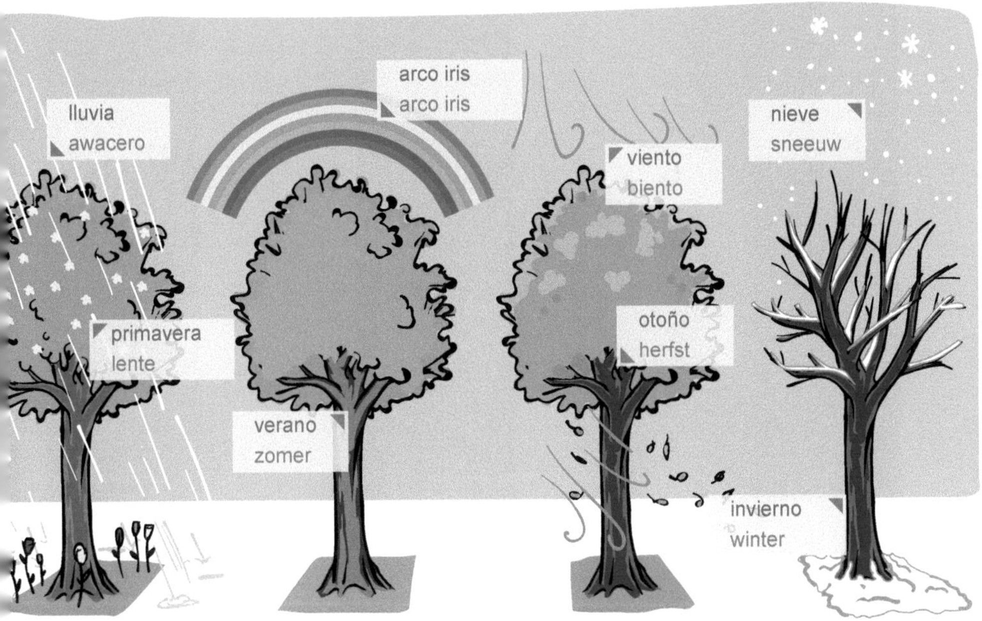

lluvia
awacero

arco iris
arco iris

viento
biento

nieve
sneeuw

primavera
lente

otoño
herfst

verano
zomer

invierno
winter

4.APRIL	11°	☀
5.APRIL	4°	☁
6.APRIL	13°	☁
7.APRIL	8°	☀
8.APRIL	10°	☀

nóstico meteorológico

ronostico di tempo

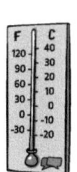

termómetro

thermometer

luz del sol

solo ta briya

nube

nubia

niebla

neblina

humedad

humedad

rayo

lamper

trueno

strena

tormenta

mal tempo

granizo

hagel

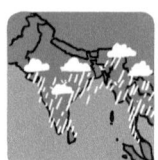

monzón

mal tempo

inundación

inundacion

hielo

ijs

enero

januari

febrero

februari

marzo

maart

abril

april

mayo

mei

junio

juni

julio

juli

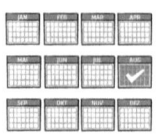

agosto

augustus

año - aña

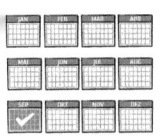

septiembre

september

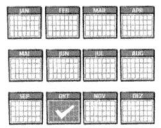

octubre

october

noviembre

november

diciembre

december

formas

forma

círculo

circulo

cuadrado

cuadra

rectángulo

rectangulo

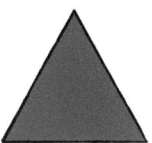

triángulo

triangulo

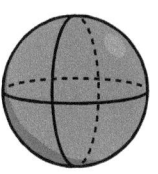

esfera

bol

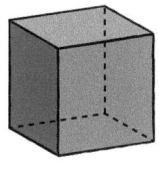

cubo

kubus

blanco
....
blanco

amarillo
....
geel

naranja
....
oraño

rosa
....
ros

rojo
....
cora

violeta
....
biña

azul
....
blauw

verde
....
berde

marrón
....
bruin

gris
....
shinishi

negro
....
preto

mucho / poco

hopi / tiki

enojado / tranquilo

rabia / trankil

lindo / feo

bunita / mahos

principio / fin

comienso / final

grande / chico

grandi / chikito

claro / oscuro

cla / scur

ermano / hermana

man homber / ruman
muhe

limpio / sucio

limpi / sushi

completo / incompleto

completo / incompleto

día / noche

dia / anochi

muerto / vivo

morto / bibo

ancho / angosto

hancho / smal

comestible / no comestible

comibel / incomibel

malo / amable

mal hende / bon hende

entusiasmado / aburrido

ansioso / ferfela bo mes

gordo / flaco

gordo / flaco

primero / último

prome / ultimo

amigo / enemigo

amigo / enemigo

lleno / vacío

yen / bashi

duro / blando

duro / moli

pesado / liviano

pisa / lihe

hambre / sed

hamber / sed

enfermo / sano

malo / saludabel

ilegal / legal

ilegal / legal

inteligente / estúpido

inteligente / sabi

izquierda / derecha

robes / drechi

cerca / lejos

cerca / leu

nuevo / usado

nobo / uza

nada / algo

nada / algo

viejo / joven

bieu / jong

ncendido / apagado

cendi / paga

abierto / cerrado

habri / cera

silencioso / ruidoso

keto / duro

rico / pobre

rico / pober

correcto / incorrecto

bon / fout

áspero / suave

grof / liso

triste / contento

tristo / contento

corto / largo

cortico / largo

lento / rápido

pocopoco / lihe

mojado / seco

muha / seco

caliente / frío

cayente / friu

guerra / paz

guera / paz

0	**1**	**2**
cero	uno	dos
cero	un	dos

3	**4**	**5**
tres	cuatro	cinco
tres	cuater	cinco

6	**7**	**8**
seis	siete	ocho
seis	shete	ocho

9	**10**	**11**
nueve	diez	once
nuebe	dies	diesun

12

doce

diesdos

13

trece

diestres

14

catorce

diescuatro

15

quince

diescinco

16

dieciséis

diesseis

17

diecisiete

diesshete

18

dieciocho

diesocho

19

diecinueve

diesnuebe

20

veinte

binti

100

cien

shen

1.000

mil

mil

1.000.000

millón

miyon

inglés

Ingles

inglés americano

Ingles Mericano

chino mandarín

Chines Mandarin

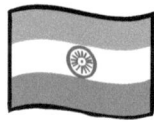

hindi

Hindi

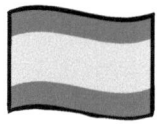

español

Spaño

francés

Frances

árabe

Arabe

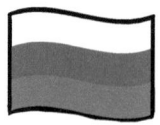

ruso

Ruso

portugués

Portugues

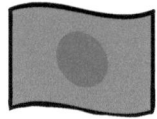

bengalí

Bengal

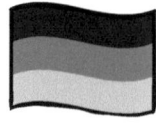

alemán

Aleman

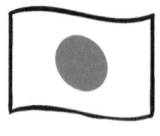

japonés

Hapones

yo

ami

vos

abo

él / ella

e

nosotros

nos

ustedes

boso

ellos

nan

¿quién?

ken?

¿qué?

kico?

¿cómo?

con?

¿dónde?

unda?

¿cuándo?

ki ora?

nombre

nomber

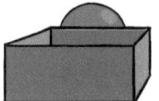

detrás

patras

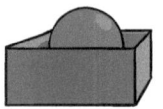

en

den

adelante de

dilanti di

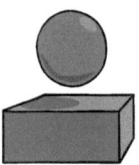

por encima de

ariba

sobre

riba

debajo de

bou di

al lado de

banda di

entre

entre

lugar

luga